DEUTSCHE
BIBEL
GESELLSCHAFT

Susanne Jasch • Kristina Schnürle • Mathias Weber

Die Kinder Themen Bibel

Eine Kinderbibel zu Lebensfragen

DEUTSCHE BIBELGESELLSCHAFT

Inhalt

Du

Du und die anderen

Du und die Welt

DU

Du kennst mich (Psalm 139)

Herr, du blickst mir ins Herz
und kennst mich.
Ob ich sitze oder stehe, du siehst es.
Du weißt, was ich denke.
Ob ich gehe oder liege, du bist bei mir
und begleitest mich auf jedem Weg.
Bei allem, was ich sage,
hörst du mir zu.
Hinter, vor und neben mir bist du
und hältst deine Hand über mir.
Es ist gut, das zu wissen,
es ist aber auch schwer zu verstehen.

Du hast gewollt, dass ich auf die Welt komme,
dass ich wachse im Bauch meiner Mutter.
Ich danke dir dafür,
dass ich wunderbar gemacht bin.
Wie wunderbar ist deine Schöpfung,
darüber jubelt mein Herz.
Du hast mich mit deinen Vateraugen angesehen,
als ich noch gar nicht geboren war.
Ins Buch des Lebens hast du es eingetragen,
dass ich leben soll.

Achte auf mich, Gott, und sieh' mir ins Herz,
lehre mich zu tun, was dir gefällt.
Pass auf, dass ich nicht auf falschen Wegen gehe,
und zeige mir den Weg ins Leben.

Wie gut, dass es dich gibt

An besonderen Tagen im Leben,
zum Beispiel am Geburtstag,
fragen sich manche Menschen:
Woher komme ich?
Woher kommt der Mensch?

Von meinen Eltern weiß ich, dass ich wie jeder Mensch aus Samen und Eizelle entstanden, im Bauch meiner Mama gewachsen und nach neun Monaten zur Welt gekommen bin.
Aber ist das schon die ganze Erklärung?
Muss ich nicht viel früher anfangen, weiter zurückgehen in der Zeit?
Wie entstand Leben auf unserer Erde?
Wie kam das Leben in die Welt?
Ist es aus Zufall entstanden?
Oder hat Gott alles geplant?

Keiner war dabei, als die Welt entstand.
Wie konnte überhaupt etwas entstehen aus dem Nichts?
Wann hat alles angefangen?

Stellst du dir auch manchmal solche Fragen:
„Woher komme ich?"
„Warum gibt es die Welt?
Warum ist sie so, wie sie ist?"

Die Naturwissenschaft versucht eine Antwort mit der Theorie vom Urknall. Demnach gab es vor Jahrmillionen einen Knall, durch den das Leben auf der Erde entstanden ist.

Aber es geht ja um viel mehr. Die Menschen waren dankbar für ihr Leben und alles, was sie umgab. Sie brachten in der Bibel Lob und Dank zum Ausdruck und erzählten vom Anfang, den Gott gemacht hat:

Am Anfang gab es nichts.
Am Anfang war nur Gott.
Denn Gott selbst ist der Anfang.

Gott war vor aller Zeit,
vor allem Raum, vor allem.
Aus dem Nichts ließ Gott
Wunderbares werden.
Wo nichts war, nur Leere, ist
bewohnbarer Raum entstanden.
Das Urchaos wird geordnet.
Es wird Tag und es wird Nacht.
Licht und Dunkelheit wechseln
sich zuverlässig ab.

Wasser und Land wurden getrennt. Himmel und Erde sind geworden. Auf der Erde grünt und blüht und reift es. Unzählige Arten von Pflanzen wachsen aus fruchtbarem Boden. Blumen blühen in bunten Farben. Bäume ragen wie Riesen in den Himmel. Moose und Flechten bedecken karge Felsen. Obst und Gemüse, Getreide und Samen dienen als Nahrung.

Sonne, Mond und die Sterne leuchten am Tag und in der Nacht. Die Jahreszeiten folgen einander. In den Meeren, Flüssen und Seen wimmelt es. Vielfältig sind die Tiere des Wassers. Die Zahl der bunten Fische, Muscheln und Korallen ist grenzenlos.

Was brauchst du zum Leben?
Kannst du spüren, dass Gott für dich sorgt?
Wie wunderbar, dass Gott die Tiere geschaffen hat!
Welches ist dein Lieblingstier?
Welche Tiere sind für dich in deiner Umgebung besonders wichtig?
Sorgst du selbst für ein Tier?

Durch die Luft fliegen Vögel. In ihren Nestern brüten sie Junge aus. Ihr Gesang ertönt aus dichtem Laub. Auf der Erde kriechen, springen, schleichen, hüpfen und schreiten viele Tiere. Haustiere und wilde Tiere. Manche sind winzig klein, andere riesengroß. Auf allen Teilen der Erde leben sie, sogar in der Wüste und im ewigen Eis. Sie vermehren sich. Man hört sie schreien und blöken, brüllen und schnauben.

Als Letztes schuf Gott den Menschen, Mann und Frau. Gott hat die Menschen nach seinem Bild geschaffen. An ihnen hat er besondere Freude. Wunderbar hat er sie geschaffen. Mit vielen Talenten hat er sie ausgestattet. Gott beschenkt sie mit seinem Segen. Er gibt ihnen den Auftrag, gut für die Erde zu sorgen, für alles, was er geschaffen hat.

Gott betrachtete alles, was er gemacht hatte, und es war sehr gut. Dann ruhte Gott. So entstand eine Zeit der Ruhe für alle Geschöpfe. Er schenkte den Menschen die Zeit der Ruhe als eine besondere Zeit.

Niemand kann beweisen, dass es Gott gibt, und niemand kann beweisen, dass es Gott nicht gibt. Doch es sieht so aus, als ob hinter der Entstehung und der Entwicklung des Lebens auf der Erde ein kluger Plan steht.
Die Welt ist schön, dafür können wir Gott loben und danken.

Es gibt dich, weil Gott es will.
Er sagt Ja zu jedem Menschen auf seiner und unserer Welt.
Gott liebt jeden Menschen.
Auch du bist ganz besonders geschaffen.
Welche Begabungen hast du?
Was magst du an dir? Was stört dich?
Kannst du auch sagen: Alles ist sehr gut?

Der erste Tag des gerade geschaffenen Menschen war ein Festtag, ein Ruhetag. Deshalb gibt es besondere Tage, Festtage, Tage, an denen wir feiern, ausruhen und spielen können.
An welchen Tagen feierst du gerne?
Wie möchtest du diese Tage gestalten?
Wie könntest du deine Freude Gott gegenüber ausdrücken?

Vielleicht hast du Lust, einen besonderen Spiegel zu basteln: Nimm einen einfachen Spiegel und beklebe den Rahmen mit schönen Dingen aus Gottes Schöpfung. Immer wenn du in den Spiegel schaust, sieht dich eines von Gottes wunderbaren Geschöpfen an – nicht nur an deinem Geburtstag.

Bist du wichtig?

Manchmal fühlt man sich ganz klein,
auch wenn man schon acht Jahre alt ist.
Sogar Erwachsenen geht das so.
Sie werden von anderen klein gemacht
oder sie denken von sich selbst,
sie seien unbedeutend und wertlos.

Was wäre, wenn …
Lass doch mal deinen Gedanken freien Lauf. Lass sie hüpfen und träume davon: Was wäre, wenn ich mich nicht klein fühlen müsste?

Ruth war acht Jahre alt. Ihr großer Bruder Jonas war schon zehn, ihr kleiner Bruder Joel war noch ein Baby. Ruth erinnert sich gut an den Tag, an dem ihre Mutter sagte: „Kommt Kinder, wir gehen zu Jesus."
„Zu Jesus?", hatte Ruth gefragt. „Zu dem Jesus, von dem Papa immer so begeistert erzählt? Zu dem Jesus, der das Kind von Jairus gesund gemacht hat?"
„Ja Ruth, bitte beeile dich."
Ruth war begeistert. Sie durfte mit zu Jesus, Jonas natürlich auch. Sogar Joel nahm die Mutter auf dem Arm mit. Unterwegs trafen sie andere Frauen und viele Kinder. Fröhlich hüpfte Ruth mit einigen anderen Kindern voraus. Am Rand der Stadt sahen sie viele Erwachsene. Alle schauten auf einen Mann. Das musste Jesus sein.

Alle hörten ihm gespannt zu. Manchmal stellte jemand eine Frage. Wenn Jesus sprach, wurde es ganz still. Oft hatte Ruths Vater zu ihr gesagt: „Was Jesus sagt, das verstehst du noch nicht. Das ist noch nichts für Kinder." Ob das stimmte?
„Ich will dabei sein. Ich will dazu gehören", dachte Ruth, „auch wenn ich noch nicht alles verstehe."
Aber schon kamen ein paar von den Männern auf die Frauen und Kinder zu. „Was wollt ihr hier mit all den Kindern?", fragten sie. „Sorgt dafür, dass die Kinder still sind!", schimpften sie. „Jesus redet mit den Erwachsenen. Er hat wichtige Dinge zu sagen. Und er soll nicht gestört werden."
Alle Kinder waren still. Ruth schaute fragend zu ihrer Mutter. Auch die Mütter waren still.

„Lasst die Kinder zu mir kommen“, rief einer streng. Seine Stimme klang verärgert. Ruth traute ihren Ohren nicht. Das war Jesus! Er schimpfte mit den Männern: „Steht doch den Kindern nicht im Weg!“, sagte er. „Hindert sie nicht daran, zu mir zu kommen. Für Gott sind sie wichtig!“

Was Jesus dann noch sagte, das verstand Ruth nicht wirklich.
„Ihr müsst alle werden wie die Kinder“, sagte Jesus, „sonst könnt ihr nicht in Gottes Reich kommen.“
Erst später hat sie verstanden, was Jesus den Erwachsenen gesagt hat: Bei Gott zählt das Vertrauen. Und vertrauen, das können Kinder sehr gut.

Jetzt aber überlegte Ruth nicht lange. Sie rannte los. Sie lief in die Arme von Jesus. Genauso wie alle anderen Kinder. Jesus schaute die Kinder freundlich an. Er lachte und seine Augen strahlten. Jesus segnete die Kinder mit seinen Händen. Er sagte Worte, die ihnen guttaten.

Jesus stellt sich auf die Seite der Kinder. Er ergreift Partei für sie. Das tut gut. Hast du schon einmal erlebt, dass dich jemand in Schutz nimmt oder sich für dich einsetzt? Hast du dich schon einmal auf die Seite eines kleineren Kindes gestellt?

Als Ruth die Hand von Jesus auf ihrem Kopf spürte, wusste sie: „Doch! Ich bin wichtig." Sie spürte, wie sie stark wurde und froh. Sehr froh wurde sie. Es war ein einmaliges, wunderbares Erlebnis. Das hat Ruth nie mehr vergessen.
Und wenn die Großen wieder einmal sagten: „Du bist noch zu klein", dann dachte sie: „Mag sein, aber trotzdem bin ich wichtig. Doch – ich bin wichtig!"

Doch – du bist wichtig!
Bastle dir eine „Doch-Krone".
Dazu brauchst du schönes Papier, das du selbst gestaltest und zu einer Krone zusammenklebst.
Und wenn jemand dich klein machen will oder du dich klein fühlst, dann setzt du diese Krone auf und erinnerst dich daran, wie wichtig du bist. Du darfst es spüren. Die anderen sollen es sehen.

Du bist getauft

Menschen, die zu Jesus gehören,
lassen sich taufen.
Warum eigentlich?

Einige Tage nach Ostern waren die Jünger von Jesus in Galiläa. Als sie dort zusammensaßen, stand mit einem Mal Jesus unter ihnen.
Die Jünger waren überwältigt:
Jesus, der gestorben war, kam zu ihnen zurück! Einige aber waren unsicher:
Wie ist das möglich – einer, der tot war, soll wieder lebendig sein?
Doch Jesus trat zu den Jüngern und gab ihnen ein großes Versprechen und einen großen Auftrag. Er sagte: „Ich, der auferstandene Christus, bin Herrscher und habe die Macht über die ganze Welt. Darum braucht ihr euch vor nichts und niemandem zu fürchten.
Euch aber schicke ich als meine Zeugen in die ganze Welt, zu allen Menschen. Sie alle gehören zu Gott. Deshalb tauft sie auf den Namen des Vaters und des Sohnes und des Heiligen Geistes. Und erzählt ihnen von mir, was ihr mit mir erlebt habt, was ihr von mir über Gott erfahren habt. Sagt allen, wie sie miteinander so leben können, dass es gut ist. Aber das Wichtigste vergesst nie: Ich, Jesus, bin bei euch jeden Tag bis ans Ende der Welt."

Es ist oft nicht einfach,
an Gott und an Jesus zu glauben.
Wann fällt es dir leicht?
Und wann fällt es dir eher schwer?

Mit dieser großen Zusage im Ohr und im Herzen machten sich die Jünger auf den Weg. Sie erzählten von Jesus und tauften die Menschen, die zu Jesus gehören wollten.
Einer von ihnen war Paulus. Er wurde selbst zu einem großen Zeugen von Jesus und machte viele weite Reisen. Einmal kam er nach Philippi, einer reichen Hafenstadt in Griechenland. Dort blieb er einige Zeit. Am Sabbat ging er an den Fluss, da er wusste: Dort versammeln sich die Juden, um Gottesdienst zu feiern. An diesem Tag traf er dort einige Frauen.
Eine hieß Lydia, eine Frau aus Lydien, eine Ausländerin. Sie war keine Jüdin, glaubte aber an den Gott Israels.
Sie handelte mit edlen Stoffen, die mit kostbarem Purpur, der Farbe der Könige, gefärbt waren. So war sie zu einer wohlhabenden Geschäftsfrau geworden. Sie hatte ein großes Haus und Dienerinnen und Diener.

Lydia hörte zu, als Paulus von Jesus erzählte: „Jesus will für euch wie ein guter Hirte sein, der seine Schafe führt und leitet. Jesus sorgt für euch. Es soll euch an nichts fehlen. Auch in schwierigen Zeiten ist er da und behütet euch. Zu ihm dürft ihr gehören. Bei ihm habt ihr alles, was ihr zum Leben braucht."
Diese Worte trafen Lydia ins Herz. Sie erkannte: „Ja, da bin ich gemeint. Was Paulus von Jesus erzählt, bedeutet mir wirklich etwas."
Noch am gleichen Tag ging Lydia zu Paulus und sagte: „Ich will zu diesem Jesus gehören. Ich möchte getauft werden. Und nicht nur ich. Meine Mägde und Diener und deren Kinder sollen auch getauft werden. Alle, die bei mir im Haus wohnen, sollen das Leben in seiner Fülle kennenlernen."
An diesem Tag wurde ein großes Tauffest am Fluss gefeiert.

In unserer Zeit werden viele Menschen als kleine Kinder getauft. Aber auch größere Kinder, Jugendliche und Erwachsene können noch getauft werden. Durch die Taufe gehört ein Mensch zu Gott und zur christlichen Gemeinde. Weißt du, in welcher Kirche du getauft worden bist oder wo du einmal getauft werden willst?

Für Lydia und alle, die zu ihr gehörten, begann etwas Neues. In ihrem Haus traf sich von da an die erste christliche Gemeinde auf dem europäischen Festland. Sie feierten Gottesdienst, hörten Geschichten von Jesus und immer wieder erinnerten sie einander daran: Was Gott bei der Taufe versprochen hat, gilt ein Leben lang. Gott sagt Ja zu uns Menschen.
Er möchte, dass wir zu ihm gehören. Und das wird Folgen haben für unser ganzes Leben.

Bei der Taufe wird dem Täufling zugesagt: Du bist Gottes geliebtes Kind. Manchmal kannst du es vielleicht selbst spüren, manchmal nicht. Umso wichtiger ist es, dass du dich immer wieder daran erinnern lässt.
Du könntest deine Taufkerze anzünden, dir selbst ein Kreuz auf die Stirn zeichnen als Zeichen dafür, dass du zu Jesus gehörst, und Geschichten von Jesus hören.
Du kannst auch mit Wachs eine Kerze verzieren, um dich an deine Taufe zu erinnern. Zünde sie an, wenn du Ermutigung brauchst.

Du brauchst keine Angst zu haben

Es gibt immer wieder Momente,
in denen man Angst bekommt.
Jeder Mensch hat Angst:
Kinder, Jugendliche und Erwachsene.
Wie aber kann man mit seiner Angst umgehen?

Ein langer, anstrengender Tag ging zu Ende. Die Jünger waren mit Jesus in der Gegend um den See Genezareth unterwegs gewesen. Viele Leute waren gekommen. Jesus hatte von Gott erzählt. Er hatte Menschen getröstet und geheilt. Und viele waren froh nach Hause gezogen, erfüllt mit neuer Hoffnung und Zuversicht.

Die Jünger waren nach dem langen Tag erschöpft. Auch Jesus brauchte Ruhe. Er sagte: „Für heute ist es genug. Ihr könnt ein wenig ausruhen. Ich möchte noch eine Zeitlang allein sein und beten. Fahrt ihr schon mit dem Boot über den See voraus."

Es wurde bereits dunkel über dem See Genezareth. Während Jesus auf einen Berg stieg, um zu Gott zu beten, machten die Jünger das Boot los und fuhren auf den See hinaus.

Da kam Wind auf, die Wellen wurden höher, das Boot schwankte gewaltig. Die Jünger kämpften gegen Wind, Wellen und Sturm. Obwohl einige von ihnen erfahrene Fischer waren, bekamen sie Angst. Ausgerechnet jetzt war Jesus nicht bei ihnen.

Bei Nacht sind manche Dinge beängstigender als bei Tag.
Was macht dir manchmal Angst?
Wen hättest du gerne bei dir, wenn du dich fürchtest?

Als es schon auf den Morgen zuging, sahen sie eine Gestalt auf sich zukommen. Die Jünger erschraken und riefen: „Das ist ein Gespenst!" Vor Angst schrien sie laut.
„Erschreckt nicht! Ich bin es doch! Ihr braucht keine Angst zu haben", hörten sie eine Stimme.

Als erster fasste sich Petrus.
„Bist du das, Jesus?", rief er. „Wenn du es bist, dann lass mich zu dir kommen."
„Ja, komm!", vernahm er nochmals die Stimme. Da stieg Petrus voll Vertrauen aus dem Boot und ging Jesus entgegen – mitten in die Dunkelheit und den Sturm hinein.

Doch plötzlich packte Petrus die Angst.
Er hörte den Sturm und sah große
Wellen auf sich zurollen: „Der Wind,
die Wellen, das Wasser – das alles ist
zu gefährlich, zu groß, zu furchtbar
für mich."
Er spürte, wie er zu sinken begann.
„Herr Jesus, hilf mir. Ich ertrinke.",
rief er mit letzter Kraft.

Hast du das schon erlebt: Wenn dir jemand Mut macht, kannst du plötzlich etwas tun, was du dir sonst nicht zugetraut hättest.
Und dann ist plötzlich die Angst doch wieder da, und du siehst nur noch das Erschreckende. Dann kann es gut tun, zu beten: „Herr Jesus, hilf mir!"

Petrus spürte, wie eine Hand nach ihm griff. Die Hand hielt ihn fest und brachte ihn zum Boot zurück. Das war Jesus.
Er hatte ihn vor dem Ertrinken gerettet. Jesus sagte zu Petrus. „Warum hast du mir nicht vertraut? Bei mir brauchst du keine Angst zu haben."
Jesus kam zu den Jüngern ins Boot. Der Wind und die Wellen legten sich. Es wurde ruhig und der Tag hellte sich auf. Die Jünger im Boot staunten. Sie fielen vor Jesus auf die Knie.
„Du bist wirklich Gottes Sohn!", sagten sie. „Du bist stärker als jeder Sturm und alles, was uns Angst macht. Wenn du bei uns bist, brauchen wir uns nicht zu fürchten."

Diese Geschichte haben sich Christen immer wieder erzählt. Sie gab ihnen Mut, wenn sie wieder einmal Angst bekamen. Und immer wieder haben sie auch erfahren: Jesus hat mich in meiner Angst festgehalten. Er hat mir geholfen. Er war bei mir in meiner Angst. Ich war nicht allein.
Du kannst es ausprobieren. Vielleicht hilft es dir, ein kleines Kreuz fest in der Hand zu halten oder anzusehen, um dich daran zu erinnern: Jesus ist bei mir.

Wenn du krank bist

Wenn man krank ist,
kann sich viel verändern,
manchmal von einem Augenblick
auf den anderen.

Es war schön, mit Jesus unterwegs zu sein. Andreas war einer seiner engsten Freunde. Jeder Tag war ein Erlebnis. Jesus erzählte Geschichten von Gott. Bei ihm gab es keine Außenseiter. Kinder nahm er sehr ernst.

Es war Abend geworden. „Kommt, Freunde, wir fahren auf die andere Seite des Sees“, sagte Jesus.
Und so saßen jetzt alle zusammen in diesem Boot. Die vielen Menschen, mit denen sie den Tag verbracht hatten, blieben am Ufer zurück. Es wurde still im Boot und das tat allen gut.

Doch die Ruhe war bald vorbei. Ein starker Wind brach über den See herein. Ganz plötzlich. Aus heiterem Himmel. Dicke, dunkle Wolken verdeckten die Sonne. Sturmböen peitschten über das Wasser. Das Boot begann zu schwanken. Es kippte von einer Seite auf die andere.

Stürme kommen manchmal überraschend. So ist es auch mit den Stürmen, die unser Leben durcheinanderschütteln.
Manchmal empfinden wir eine Krankheit wie einen Sturm und es ist gut, dass es dann Hilfen gibt.
Was oder wer hilft dir?

Alle bekamen Angst. Die Wellen schlugen ins Boot. Das Boot lief voll mit Wasser. „Werden wir untergehen?", dachte Andreas. Immer stärker tobte der Sturm. „Ob wir jemals das rettende Ufer erreichen?"

„Wer kann uns helfen?", fragten sich die Freunde. Und einer sagte: „Wo ist eigentlich Jesus? Er könnte vielleicht helfen."

Jesus schlief. Mitten im Sturm lag er ganz ruhig da. Seinen Kopf hatte er auf ein weiches Kissen gebettet. Unglaublich.
„Wach auf, Jesus!“, schrie Andreas, „wach auf und hilf uns!“

Ein anderer schüttelte Jesus und rief laut gegen den Sturm an: „Macht es dir nichts aus, Jesus, dass wir untergehen?“
Jesus öffnete die Augen. Er schaute seine Freunde an. Er sah ihre Angst.
Er sah die Gefahr und stand auf.

„Sei still!", befahl er dem Sturm.
„Seid ruhig!", sagte er zu den Wellen.
Und es wurde ganz still.
Atemlos sahen alle, wie der Sturm sich legte und wie der See wieder ganz ruhig wurde. Sie waren gerettet.
Später erinnerte sich Andreas an dieses besondere Erlebnis und wurde dankbar. Vielleicht klang sein Dank so wie ein Gebet aus der Bibel:
„Gott, ich habe fest auf dich vertraut.
Jetzt lacht mein Herz vor Freude,
denn du hast mir geholfen."

Ruhe mitten im Sturm – kann es das geben? Wir dürfen darum bitten. Viele Menschen haben das getan. Vielleicht gibt es Menschen, die für dich beten.
Du kannst ein Kissen gestalten, das dich an das Kissen erinnert, auf dem Jesus mitten im Sturm geschlafen hat.
Nimm einen kleinen weißen Kissenbezug und Stoffmalfarben oder Nadel und Stickgarn und gestalte dein Kissen. Vielleicht hat es eine Sturmseite und eine Ruheseite.
Vielleicht schreiben Menschen, die dich besuchen, ihre Namen darauf.
Oder du schreibst selbst ein Gebet oder malst einen Traum darauf.

Ist das viel zu schwer für dich?

Wie soll ich das schaffen?
Das kann ich nicht, denkst du.
Du hast eine große und schwere Aufgabe
und fürchtest:
Das ist viel zu schwer für mich.

„Ich schaff das nicht", dachte Josua. Er sollte die Israeliten in ihr neues Land führen. Mose, der frühere Anführer, war alt geworden und gestorben. Josua war sein Nachfolger. Auf der anderen Seite des Flusses Jordan begann das versprochene Land. Dort aber lebten bereits Menschen. Und die hatten sicher Angst vor denen, die in ihr Land kommen wollten. Josua brauchte viel Mut. Die Menschen, die er in das Land führen sollte, würden es ihm oft schwermachen. Das wusste er, denn so war es auch schon bei Mose gewesen. Die Leute taten nicht, was er sagte. Sie taten nicht, was Gott gefiel. Josua musste sehr stark sein.

Gott ließ Josua nicht allein. Josua hörte, wie Gott zu ihm sprach: „Josua, hör mir gut zu. Du sollst mein Volk, die Israeliten, in das neue Land führen. Es ist ein wunderbares Land. Ihr werdet gut dort leben können. Die Erde ist fruchtbar. Es wächst genug für alle."

Josua freute sich auf dieses Land. Die Israeliten werden keinen Mangel mehr haben. Die Zeit in der Wüste, wo sie Hunger und Durst litten, wird zu Ende sein. Die Vorfreude half Josua ein wenig. Aber er war auch unsicher. „Wie werden sich die Menschen verhalten, die dort leben?", fragte er sich und wurde ganz mutlos. „Und wie werden sich die Israeliten verhalten?", dachte er und hatte Angst, dass er zu schwach war, ihr Anführer zu sein. Gott aber sagte: „Sei mutig und stark, Josua. Fürchte dich nicht, denn ich bin bei dir. Ich lasse dich nicht allein."

Wie soll ich das schaffen?
Das hast du sicher auch schon mal gedacht.
Wie fühlt sich das an? Welche Gedanken gehen dir durch den Kopf?

Gottes Worte taten Josua gut.
Er wusste: „Gott ist stark und mächtig.
Mit seiner Hilfe kann ich es schaffen.
Mit Gott an meiner Seite ist die
Aufgabe nicht zu schwer.“
Josua wusste auch, wo er Gottes
Nähe suchen und finden konnte.
Das Wohnzelt Gottes stand mitten
unter den Wohnzelten der Israeliten.
In ihm befand sich die Bundeslade.
Darin waren die zehn Regeln Gottes für
das Zusammenleben aufbewahrt.

„Sei mutig und stark“, hörte Josua,
„und tu alles so, wie ich es haben will.
Ihr sollt nach meinen Geboten leben.
Sie sind gut. Du, Josua, sollst sie den
Israeliten immer wieder vorlesen.“
„Danke, Gott“, sagte Josua und nahm
sich vor, Gottes Gebote Tag und Nacht
ernst zu nehmen und so zu leben,
wie Gott es will.
Josua hatte Mut. Josua war stark.

Er trat vor das Volk und sagte:
„Lasst uns über den Fluss gehen. Wir ziehen in das Land, das Gott uns versprochen hat. Wenn wir durch den Fluss gehen, sollt ihr zwölf große Steine mitnehmen, einen für jeden Stamm."
Alle gingen mit. Die Priester trugen die Bundeslade. Starke Männer trugen zwölf schwere Steine.

Am anderen Ufer ließ Josua sie die zwölf Steine aufstellen.
Weithin waren die Steine zu sehen.
„Lasst uns Gott dafür danken, dass wir gut angekommen sind", sagte Josua.
„Die Steine sollen uns immer wieder daran erinnern, dass Gott bei uns ist. Er ist es, der uns mutig macht. Er ist es, der uns stark macht. Wir brauchen keine Angst zu haben. Wir wollen nach Gottes guter Ordnung leben."

Josua musste immer wieder schwere Aufgaben lösen. Und er erlebte, dass Gott hält, was er versprochen hat. Gott war bei Josua. Mutig und stark führte Josua die Israeliten und erinnerte sie an die Gebote Gottes.

Du kannst einen besonderen Stein suchen und ihn zu deinem eigenen Erinnerungsstein machen. Vielleicht hat er zwei unterschiedliche Seiten. Vielleicht bemalst oder beklebst du ihn mit etwas, das dich an etwas erinnert, was dich mutig und stark macht.

Etwas Neues beginnt

In jedem Leben gibt es viele Neuanfänge,
kleine und ganz große.
Das ist gut und macht das Leben
reich und spannend.
Manchmal werden wir aber auch unsicher und fragen:
Wohin führt mein Weg?
Wie wird der neue Lebensabschnitt sein?
Wird alles gelingen?

Abraham ging es gut in seiner Heimat. Er hatte genug zu essen, ein schönes Haus. Es gab gute Weideplätze für seine Schafe und Ziegen, so dass sie immer zahlreicher wurden. In seinem Haus gab es außer ihm und seiner Frau Sara viele Knechte und Mägde, die sich um seine Tiere, das Haus und die Äcker kümmerten. Abrahams ganze Familie, sein Vater, seine Geschwister, deren Kinder, alle seine Verwandten lebten dort. Ja, es ging ihnen gut. Und dann?

Dann hörte er eines Tages, wie Gott zu ihm sprach: „Abraham, geh fort von hier. Lass alles zurück: deine Verwandtschaft, dein Haus, dein Land. Zieh in ein neues Land, das ich dir zeigen werde. Glück und Segen will ich dir geben. Viele Nachkommen sollst du haben. Du sollst zum Vater eines großen Volkes werden."

Abraham war sich gewiss, dass Gott mit ihm redete. Aber sollte er wirklich weggehen? Konnte er alles zurücklassen, was ihm bisher wichtig war? Wollte er etwas ganz Neues wagen?

Etwas Neues beginnt.
Was könnte auf dich zukommen?
Worauf freust du dich?
Was macht dir vielleicht auch Angst?

Doch Abraham war sicher: „Gott hat nicht vergeblich zu mir gesprochen. Ich will tun, was er gesagt hat. Ich glaube ihm, dass er mir viel mehr und Größeres schenken will. Glück und Segen hat er versprochen. Viele Nachkommen werde ich haben.“

Zuversichtlich brach Abraham auf. Seine Frau Sara und sein Neffe Lot gingen mit ihm. Und alles, was er besaß, nahmen sie mit: Zelte, die Tiere; auch Knechte und Mägde gingen mit. So machten sie sich auf den Weg, einen Weg ins Ungewisse.

Von einem Weideplatz zum nächsten zog Abraham mit seiner Familie. Jeden Abend schlugen sie ihre Zelte auf. Manchmal blieben sie auch ein paar Tage an einem Ort. Dann aber packten sie alles wieder ein und zogen weiter.

Bei was fehlt dir immer wieder die nötige Geduld?

Nach einem langen, mühsamen Weg erreichten sie das Land Kanaan. Hier gab es Wasser und Weiden. „Dies ist das Land, das ich dir geben will.“, hörte Abraham Gott sagen. Das Land Kanaan wurde zur neuen Heimat. Abraham ging es dort gut. Doch die Zeit verging. Seine Frau Sara und er wurden älter – und noch immer hatten sie kein Kind. Hatte Gott ihnen nicht viele Nachkommen versprochen?

Wie sollte Abraham Vater eines großen Volkes werden, wenn er kein Kind hatte? Manchmal verließ ihn fast der Mut. Wozu hatte er den langen Weg auf sich genommen? Wie sollte es weitergehen? Die vielen Fragen ließen ihm keine Ruhe. Es war wie dunkle Nacht in ihm und um ihn herum.

In solch einer Nacht hörte Abraham erneut Gottes Stimme: „Abraham, ich bin dein Beschützer, ich will dir viel geben."
Da konnte Abraham nicht anders.
Es brach aus ihm heraus: „Mein Gott, was kannst du mir noch geben? Ich habe ja keine Kinder. Es ist aus mit mir. Ich bin allein."
Gott sprach: „Abraham, geh hinaus. Sieh hinauf zum Himmel. Zähle die Sterne. Kannst du sie zählen? So zahlreich sollen deine Nachkommen sein."

Abraham stand vor dem Zelt. Er sah in die dunkle Nacht. Und er hob die Augen und schaute auf zum Himmel.
Da sah er einen Stern – und noch einen.
Da zwei, drei, vier, fünf ... und noch viel, viel mehr Sterne. Unzählig viele Sterne!
Er war überwältigt. Er stammelte:
„Über mir, vor mir, hinter mir,
ein unendlicher Sternenhimmel!
So groß bist du, Gott! Du hast alles gemacht und du bist über allem.
Gott, du bist da. Du gehst mit mir.
Du lässt mich nicht allein. Ich brauche mich nicht zu fürchten."

Sie mussten noch lange warten, bis Gott sein Versprechen erfüllte. Aber endlich wurde Sara doch schwanger und gebar einen Sohn. Sie nannten ihn Isaak.
Unendlich glücklich und dankbar waren die alten Eltern Abraham und Sara. Gott hatte ihnen dieses Kind geschenkt.
Ja, Gott meinte es gut mit ihnen. Er schenkte ihnen so viel Gutes und ließ sie nie allein.
So hatte Gott sie gesegnet. Abraham hat es erfahren: Was Gott verspricht, das erfüllt er auch. Auf sein Wort kann ich mich verlassen.

Was Gott Abraham zugesagt hat, war großartig. Gott meint es gut – mit jedem Menschen.
Was gibt es Gutes in deinem Leben? Wann hast du schon erfahren, dass Gott bei dir war?
Du kannst jedes Mal einen Stern ausschneiden und aufkleben, wenn du gespürt hast: Gott ist da. Welche Worte können dir immer wieder Mut machen? Worte von Menschen? Oder Worte von Gott?

Du
und die anderen

Ich will singen von dir (Psalm 34)

Ich will meinen Gott immerzu loben,
immerzu will ich singen von ihm.
Ich habe so viel Gutes von Gott zu erzählen,
dass sogar Arme und Kranke sich über ihn freuen.

Als ich mich fürchtete und nach Gott suchte,
kam er und half mir aus dem Dunkel heraus.
Alle, die auf Gott sehen, werden froh sein,
ihre Augen werden leuchten.
Und Gott schickt einen Engel, der uns beschützt,
der bei uns ist und mit uns geht.
Öffnet eure Augen weit, schmeckt es und riecht:
Gott meint es gut mit uns!

Kommt her, ihr Kinder, und hört mir zu!
So könnt ihr leben, wie es Gott gefällt:
Ist einer da, der so richtig lebendig sein möchte
und an jedem Tag gerne froh wäre?
Dann schade niemandem, mit dem, was du sagst,
und erzähl über niemanden Lügen.
Sei nicht böse zu denen, die mit dir leben,
sondern tue Gutes und sorge für Frieden.

Gott ist allen nah, deren Herzen zerbrochen sind,
er hilft allen, deren Seele ganz zerschlagen ist.
Gott führt die in die Freiheit, die zu ihm gehören,
alle, die auf ihn vertrauen, macht er frei.

Freunde

Freunde und Freundinnen sind etwas Wunderbares.

Warum eigentlich?

Unterschiedlicher hätten die beiden Freunde kaum sein können.
Der eine war ein Königssohn, am Hof erzogen, als Krieger ausgebildet, dazu bestimmt, einmal Nachfolger seines Vaters auf dem Königsthron zu werden. Das war Jonatan.
Der andere war ein Hirtenjunge, der jüngste in der Familie, aufgewachsen mit Schafen und im Kampf mit wilden Tieren erprobt. Das war David.
Die beiden begegneten sich zum ersten Mal, nachdem David den Riesen Goliath besiegt hatte. Mit seiner Steinschleuder hatte er den mächtigen Feind Israels getötet und damit einen Krieg beendet.
Saul, der König von Israel, rief David zu sich in den Palast. Dort sollte er von nun an wohnen. Sauls Sohn, Jonatan, wurde Davids bester Freund.
Jonatan schenkte David seinen Mantel, seine Rüstung, sein Schwert und seinen Bogen. Alles, was ihm selbst wichtig war, sollte David bekommen. So sehr hatte er David in sein Herz geschlossen.

Doch obwohl König Saul selbst David zu sich in den Palast geholt hatte, wurde er immer unfreundlicher zu David.
Saul konnte es nicht ertragen, dass David bei allen Menschen beliebt und angesehen war: Er, Saul, war doch der König, der erste Mann in Israel.
Und nach ihm sollte sein Sohn Jonatan König werden. Warum sprachen dann alle Leute nur über David?
Saul wurde immer ärgerlicher.
Eines Tages schleuderte er in seinem Zorn sogar seinen Speer nach David.
David konnte ausweichen und blieb unverletzt.
Von da an war David sehr wachsam.
Aber Jonatan blieb Davids Freund.
Er war nicht neidisch auf David.
Er freute sich sogar, wenn die Leute auf den Straßen Lieder über David sangen.

Hast du Freunde?
Wie seid ihr Freunde geworden?
Seid ihr euch ähnlich oder eher verschieden?
Was kann dein Freund, deine Freundin besonders gut, vielleicht besser als du? Kannst du dich dann mit ihm oder ihr freuen? Oder bist du manchmal auch neidisch?

Saul jedoch plante, David zu töten. Er überlegte mit seinen Beratern und seinem Sohn Jonatan, wie er David überwältigen könnte. Jonatan wollte David helfen und verriet ihm die Pläne seines Vaters. Er sagte zu David: „Mein Vater will dich töten. Versteck dich auf dem Feld. Morgen früh werde ich mit meinem Vater in der Nähe sein und du kannst aus deinem Versteck hören, was wir reden."

Am nächsten Morgen redete Jonatan auf dem Feld mit seinem Vater Saul: „Tu nichts gegen David. Er hat doch für dich und das ganze Volk gekämpft. Warum willst du David nun ohne Grund töten?"
Saul ließ sich erweichen und schwor: „David soll nicht sterben."
Erleichtert rief Jonatan David und brachte ihn wieder in den Palast.

Doch Sauls Sinneswandel war nur von kurzer Dauer. Schon bald versuchte er wieder, David zu töten.
David fragte seinen Freund Jonatan: „Was habe ich getan? Warum will dein Vater mich töten?“
Jonatan versprach: „Ich werde meinen Vater fragen, was er mit dir vorhat. Aber ich schwöre dir, was auch geschieht, wir bleiben Freunde!“

Freunde treten füreinander ein.
Hast du das schon erlebt?
Habt ihr als Freunde ein gemeinsames Zeichen? Ein Freundschaftsbändchen?
Ein Geheimzeichen?
Einen geheimen Treffpunkt?
Was ist dir bei einer Freundschaft wichtig?
Was würdest du vervollständigen:
Ein Freund ist für mich …?

Beim Essen redete Jonatan mit Saul. Da merkte Jonatan: Saul war gar nicht gut auf David zu sprechen. Saul war sehr erbost und fuhr Jonatan an: „Verstehst du denn nicht: Solange David lebt, kannst auch du als König nicht bestehen. Deshalb muss David sterben."

Am nächsten Tag ging Jonatan wieder auf das Feld. Er rief David aus seinem Versteck heraus und berichtete ihm traurig, was sein Vater gesagt hatte. Da umarmten sich die beiden Freunde und weinten.

Wer weiß, ob sie sich je wiedersehen würden. Jonatan sagte zu David: „Gehe in Frieden. Und vergiss nicht, dass wir Freunde sind."

Und während Jonatan in die Stadt zurückkehrte, machte sich David auf und zog fort aus Israel.

Ihr könnt für euch einen Schlüsselanhänger machen als Zeichen dafür, dass Freunde zusammenhalten. Auf die beiden Teile von einem Stück Klettverschluss näht ihr schöne Knöpfe oder klebt Blumen aus Filz auf.

Geschwister

Wer Geschwister hat, weiß,
wie schön es sein kann,
in einer Familie zusammenzuleben.
Manchmal ist es aber auch
nicht ganz einfach.

Josef wuchs in einer großen Familie im Land Israel auf. Lange Zeit war er der jüngste von damals elf Brüdern. Da war richtig Leben im Haus.
Sein Vater Jakob hatte mehrere Frauen, aber Josef war der Sohn seiner Lieblingsfrau Rahel. Deshalb liebte Jakob seinen Sohn Josef besonders. Er liebte ihn so sehr, dass er ihm einen Mantel aus schönem bunten Stoff machen ließ, mit dem er sich deutlich von allen anderen abhob.
Da Josef jünger war als seine Brüder, musste er nicht immer mit aufs Feld zum Hüten der Schafe. Aber hin und wieder schickte ihn sein Vater doch zu den Brüdern, um nachzusehen, was sie trieben. Und Josef erzählte ihm alles über seine Brüder, auch wenn sie etwas Dummes anstellten.
Josef träumte einmal sogar, dass seine Brüder und sein Vater sich vor ihm verneigen müssen und erzählte seinen Brüdern davon.

Es ist nicht schwer, sich vorzustellen, dass seine Brüder nicht gut auf ihn zu sprechen waren.
Eines Tages, als Josef sie wieder auf dem Feld besuchte, packten sie ihn, zogen ihm den geliebten Mantel aus und warfen ihren Bruder in einen tiefen Brunnen.

Neid und Eifersucht gibt es in vielen Familien.
Wer von deinen Geschwistern hat welche Begabungen?
Wo fühlst du dich anderen überlegen?
Hast du manchmal das Gefühl, dass du benachteiligt wirst?
Wie fühlt es sich an, wenn andere bevorzugt werden?
Welche Gedanken gehen dir dann durch den Kopf?

Josef überlegte: „Wollten sie mir nur einen Schreck einjagen? Oder hatten sie vor, mich zu töten?“ Als eine Karawane vorbeizog, beschlossen seine Brüder, ihn an die Händler zu verkaufen. Mit der Karawane kam Josef nach Ägypten. Dort wurde er als Sklave verkauft. Aber trotz allem hatte er Glück: Sein Herr war ein angesehener Mann in Ägypten, der ihn gut behandelte.
Und als er merkte, dass Josef mit Gottes Hilfe vieles gelang, vertraute er ihm alle seine Geschäfte an.
Jedoch währte das Glück nicht lange: Die Frau seines Herrn beschuldigte ihn zu Unrecht, er wäre ihr zu nahe gekommen. Es half Josef nichts, seine Unschuld zu beteuern.
Sein Herr glaubte seiner Frau und ließ Josef, seinen Sklaven, ins Gefängnis werfen.

Aber auch an diesem schrecklichen Ort ließ Gott Josef wieder vieles gelingen. Deshalb durfte er bald dem Gefängnisaufseher helfen.
Dabei begegnete er zwei Gefangenen, die von schweren Träumen geplagt wurden. Mit Gottes Weisheit konnte er ihnen ihre Träume deuten.
Der eine wurde verurteilt.
Der andere jedoch kam frei, wie Josef es vorhergesagt hatte.

Wann bist du ungerecht behandelt worden? Oder wann warst du andern gegenüber einmal ungerecht?

Auch der Pharao, der mächtige Herrscher in Ägypten, hatte verwirrende Träume und suchte nach einem Traumdeuter. Da erinnerte sich ein ehemaliger Gefangener an Josef und der Pharao ließ ihn rufen.
Der Pharao erwartete Josef schon. „Du kannst Träume deuten, wurde mir gesagt. Hör zu: Ich träumte von sieben fetten Kühen, die aus dem Nil kamen. Dann stiegen sieben magere Kühe aus dem Nil und fraßen die fetten Kühe auf. Sag mir, was das bedeutet!"

Josef verbeugte sich und antwortete: „Großer Pharao, ich selbst kann keine Träume deuten, aber Gott kann mir zeigen, was sie bedeuten.
Die sieben fetten Kühe sind sieben fruchtbare Jahre, in denen alles im Überfluss wächst. Doch dann folgen sieben trockene Jahre, in denen es nicht genug zu ernten geben wird. Deshalb rate ich dir, in den fruchtbaren Jahren das Getreide in Speichern zu lagern, damit die Menschen in den folgenden Jahren nicht zu hungern brauchen."

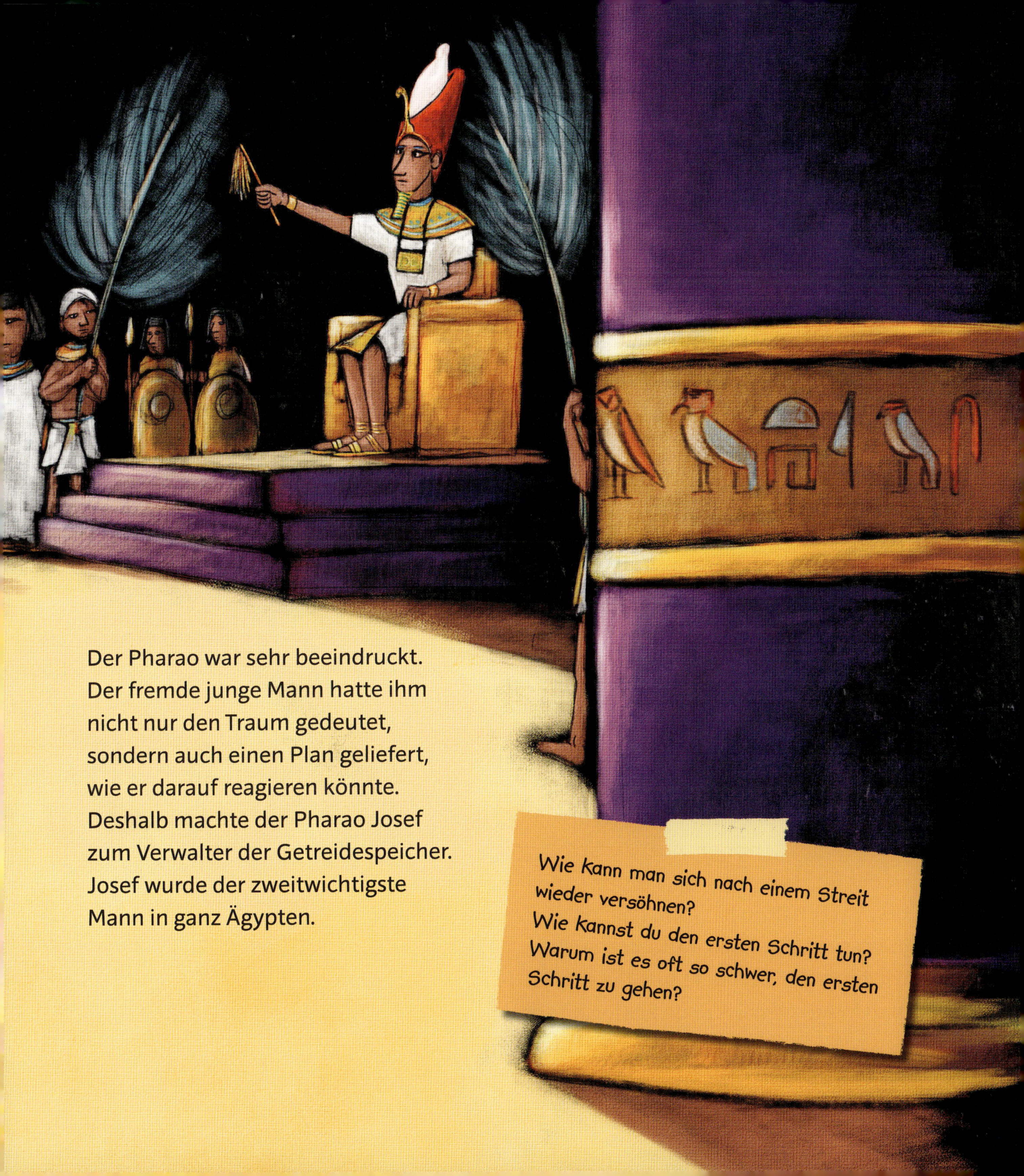

Der Pharao war sehr beeindruckt. Der fremde junge Mann hatte ihm nicht nur den Traum gedeutet, sondern auch einen Plan geliefert, wie er darauf reagieren könnte. Deshalb machte der Pharao Josef zum Verwalter der Getreidespeicher. Josef wurde der zweitwichtigste Mann in ganz Ägypten.

Wie kann man sich nach einem Streit wieder versöhnen?
Wie kannst du den ersten Schritt tun?
Warum ist es oft so schwer, den ersten Schritt zu gehen?

Nachdem die ersten sieben Jahre um waren und die Trockenheit begann, brauchte in Ägypten niemand zu hungern.
Aber nicht nur Ägypten war von der Trockenheit betroffen. Auch in Israel wuchs nichts mehr. Josefs Brüder und sein Vater hatten bald auch nichts mehr zu essen. Doch hatte sich auch bei ihnen die Nachricht verbreitet, dass man in Ägypten Getreide kaufen könne.

So kam es, dass eines Tages seine Brüder vor Josef standen und Getreide von ihm kaufen wollten. Josef erkannte sie sofort. Sie verbeugten sich tief vor ihm – wie in seinen Träumen. Sie erkannten ihn aber nicht. Wie sollte Josef ihnen begegnen? Er könnte sie wegschicken. Stattdessen sagte er zu ihnen: „Ihr seid Kundschafter und wollt Ägypten schaden."

Josef konnte hören, wie seine Brüder beratschlagten und sagten: „Das geschieht nur, weil wir Joseph so übel mitgespielt haben, obwohl er uns in seiner Angst so angefleht hat."
Aber sie beteuerten: „Nein, wir sind eine ganz einfache Familie, zwölf Söhne eines Vaters. Einer, der Jüngste, ist daheim bei unserem Vater und einen gibt es nicht mehr."

Josef antwortete: „Ich glaube euch nur, wenn ihr mir den Jüngsten auch mitbringt."
Dann zogen seine Brüder wieder nach Israel. Aber sieben Jahre sind lang. Und irgendwann war das Getreide, das sie in Ägypten gekauft hatten, aufgebraucht. Obwohl der Vater Jakob dagegen war, zogen die Brüder wieder nach Ägypten – nun mit ihrem jüngsten Bruder Benjamin.

Josef lud alle in sein Haus zum Essen ein. Und dort konnte er nicht länger verheimlichen, wer er war, und sagte weinend: „Ich bin Josef, euer Bruder." Die Brüder erschraken sehr und es fehlten ihnen die Worte. Aber Josef versuchte sie zu beruhigen: „Ihr denkt sicher, ich bin böse auf euch. Aber ich bin überzeugt, Gott hat mich hierher gebracht, damit wir alle nicht verhungern.

Holt unseren Vater und eure Familien nach Ägypten, bis die Hungersnot vorüber ist. Ihr habt zwar Böses geplant, aber Gott hat Gutes daraus gemacht."

Kannst du dir vorstellen, dass Gott auch Pläne mit dir hat?
Gibt es Momente in eurem Alltag in deiner Familie, in denen du Gottes Segen erlebst?
Eine gute Möglichkeit ist, nach einem Streit und der Versöhnung ein kleines Versöhnungsfest zu feiern.

Streiten und versöhnen

Wo Menschen zusammenleben gibt es Streit.
Sich nach einem Streit wieder zu vertragen,
ist manchmal schwer.
Auch Zwillinge können streiten.
So wie Jakob und Esau.

Zwillinge können sehr verschieden sein. So war es auch bei Jakob und Esau. Jakob war gerne zu Hause bei seiner Mutter Rebekka. Deshalb konnte er bald sehr gut kochen. Er liebte es, bei den Schafen und Ziegen zu sein und lernte alles, was ein guter Viehzüchter wissen muss. Esau, sein Zwillingsbruder, war am liebsten mit seinem Vater Isaak unterwegs. Das gefiel dem Vater sehr. Sie gingen auf die Jagd und brachten manchen leckeren Braten nach Hause. „Ich bin der Erstgeborene", sagte Esau manchmal stolz. „Ich werde nach Vaters Tod das Oberhaupt unserer Familie sein. Vater wird mir dazu seinen Segen geben."

Das hörte Jakob nicht gerne, aber Esau war tatsächlich ein paar Minuten älter als Jakob. Seine Mutter unterstützte Jakob, er war ihr Liebling, sie sagte: „Ihr habt schon gestritten bevor ihr geboren wurdet. Ich habe es in meinem Bauch gespürt."

Einmal kam Esau müde und hungrig von der Jagd nach Hause. Jakob hatte eine leckere Linsensuppe gekocht. Sie duftete unwiderstehlich. Esau sagte: „Gib mir von deiner Linsensuppe!" Konnte Jakob sich jetzt seinen großen Wunsch erfüllen? „Gib du mir dafür dein Erstgeburtsrecht", antwortete er listig. „Schwöre, dass du auf den besonderen Segen unseres Vaters verzichtest."

Esau schwor ihm das und aß gierig die Linsensuppe.

Streit hat immer einen Anlass. Wer wird bevorzugt? Wer will etwas haben, was anderen zusteht? Manche nutzen die Schwäche eines anderen für ihre eigenen Zwecke. Hast du das schon einmal erlebt?

Im Alter wurde der Vater fast blind. Er sagte zu Esau: „Ich bin alt geworden. Vielleicht werde ich bald sterben. Geh auf die Jagd und bereite mir ein leckeres Essen zu. Dann will ich dich, meinen erstgeborenen Sohn, segnen."
Esau machte sich sofort auf den Weg. Rebekka hatte das Gespräch belauscht. „Jakob, komm schnell", rief sie und erzählte ihm alles. Sie hatte einen Plan. „Wir bereiten schnell einen leckeren Braten zu und du bringst ihn deinem Vater, bevor Esau heimkommt.
Dein Vater ist fast blind. Du kannst ihn leicht täuschen. Zieh Esaus Kleider an," sagte sie. Jakob wusste, dass sein Vater vorsichtig sein würde und sagte: „Esau hat behaarte Hände. Sieh meine Hände an. Sie sind ganz glatt."
„Binde Felle um deine Hände", riet die Mutter und Jakob tat, was sie vorschlug. Mit klopfendem Herzen ging er zu seinem Vater Isaak. „Hier ist der Braten, den ich für dich gemacht habe."
„Wer bist du?", fragte Isaak.
„Ich bin Esau, dein erstgeborener Sohn", log Jakob.

„Tritt näher", forderte der Vater ihn auf. Er nahm seine Hand, betastete sie und sagte: „Deine Stimme ist die von Jakob, aber deine Hände sind rau wie Esaus Hände. Komm näher und küss mich."
Jakob tat es und sein Vater sagte: „Du riechst wie Esau. So sei gesegnet, mein Sohn. Du sollst Herr sein über die ganze Familie. Du sollst leben in Fülle."
Da kam Esau zurück von der Jagd.
Er bereitete seinen Braten zu und trug ihn zu seinem Vater. Der erschrak, als er Esaus Stimme hörte: „Ich habe den Falschen gesegnet. Wie konnte das geschehen? Das darf nicht sein!
Doch ich kann es nicht ungeschehen machen."
Er segnete Esau auch, aber nicht so wie Jakob. Esau wusste natürlich, wer ihn betrogen hatte und begann Jakob zu hassen. „Dieser Schuft", sagte er vor sich hin, „wenn Vater gestorben ist, bringe ich ihn um!"

Jakob war zu Hause nicht mehr sicher und verließ seine Heimat. Seine Mutter schickte ihn zu ihren Verwandten, die weit entfernt wohnten.
Allein und schutzlos machte sich Jakob auf den langen gefährlichen Weg.
Er hatte große Angst. Unterwegs hatte er ein wunderbares Erlebnis. Er träumte vom offenen Himmel. Engel kamen wie an einer langen Leiter herab und stiegen wieder hinauf. Oben auf der Leiter war Gott. Er sagte zu Jakob: „Du bist gesegnet, Jakob. Und du wirst wieder in dieses Land zurückkehren. Es gehört dir und deinen Nachkommen. Du wirst eine große Familie haben. Und überall, wo du hingehst, werde ich bei dir sein. Ich behüte dich."
Dieser Traum nahm dem Flüchtenden seine große Angst. Er nannte den Ort „Bethel", das bedeutet „Haus Gottes". Mutig ging er weiter und erreichte die Heimat seiner Mutter.

Streit kann sehr einsam machen.
Gott hält immer zu uns.
Er ist da und zeigt uns einen Weg.
Wie könnte ein Weg zur Versöhnung aussehen?

Viele Jahre später heiratete er in der Fremde. Seine Familie wuchs. Viele Kinder wurden geboren. Und er wurde reich. Als guter Viehzüchter hatte er Erfolg. Seine Herden wurden immer größer. Aber er hatte Heimweh. Da sagte Gott zu ihm: „Jakob, geh zurück in deine Heimat. Ich bin bei dir."
Mit seiner großen Familie und mit einer riesigen Herde zog er zurück.
Je näher er aber der Heimat kam, desto unsicherer wurde er. Wie würde ihm Esau begegnen? Konnte er sich mit ihm versöhnen? Jakob schickte Boten zu seinem Zwillingsbruder. Sie sollten seine Ankunft vorbereiten.
Kurz bevor Jakob den Grenzfluss Jabbok überquerte, kamen die Boten zurück: „Wir kommen von deinem Bruder Esau", sagten sie. „Er zieht dir mit einem großen Heer entgegen."
Jakob erschrak sehr. In seiner Not betete er zu Gott und rief: „Gott meines Großvaters, Gott meines Vaters, du hast versprochen, bei mir zu sein und mich zu behüten.
Als schutzloser Flüchtling bin ich weggegangen, als reicher Mann komme ich zurück. Bitte hilf mir, meinem Bruder Esau zu begegnen. Lass nicht zu, dass er mich und meine Familie tötet."
Jakob schickte seine Hirten über den Fluss, Esau entgegen, und gab ihnen sehr viele Tiere als Geschenke mit. Fünf ganze Herden. Ziegen, Schafe, Kamele und Esel. Er selbst blieb mit seiner Familie auf der anderen Seite des Flusses.
In der Nacht konnte er nicht schlafen. Unruhig wälzte er sich hin und her. Dann stand er auf und brachte seine Familie über den Fluss. Jakob blieb allein in der Dunkelheit zurück. Da war einer, den er nicht sehen konnte. Er rang mit ihm. Ein Schlag von ihm verletzte Jakobs Hüfte. Mit wem kämpfte er? War es ein Engel? War es Gott selbst? Am Ende siegte Jakob, aber der Schmerz in seiner Hüfte blieb. Er humpelte. Er hatte Unrecht getan und war doch gesegnet worden.

Streit löst sich nicht von selbst.
Auch nach langer Zeit ist er nicht einfach vorbei. Jakob muss sich zur Versöhnung mit Esau durchringen.
Es ist nicht immer leicht, eigene Schuld einzusehen und sie zuzugeben.
Kannst du dich an eine solche Erfahrung erinnern?

Am nächsten Tag trafen die Zwillingsbrüder aufeinander. Esau hatte Jakobs Geschenke abgelehnt. Schützend stellte sich Jakob vor seine Familie. Er verbeugte sich tief vor Esau. Dann erhob Jakob seinen Blick und sein Zwillingsbruder lachte ihn an. Erleichtert fielen sie sich in die Arme. Esau küsste Jakob. Sie weinten beide. Esau wollte Jakobs Familie kennenlernen. „Gott hat mich reich beschenkt", sagte Jakob. „Für mich ist das ein Zeichen dafür, dass er es gut mit mir meint." Er nötigte Esau, die Geschenke anzunehmen und sagte: „Zeig mir dadurch, dass wir miteinander versöhnt sind."

Dann trennten sich die Wege der Zwillinge wieder. Esau zog heim. Jakob ging nach Bethel, zu dem Ort, an dem ihm Gott im Traum erschienen war. Dort dankte er Gott dafür, dass er wieder gut in seiner Heimat angekommen war. Gott erneuerte sein Versprechen: „Du bist gesegnet, Jakob." Die Versöhnung mit Esau blieb bestehen. Als der Vater im hohen Alter starb, begruben seine beiden Söhne ihn gemeinsam.

Versöhnung geschieht oft mit einem Zeichen. Welches ist für dich das schönste Versöhnungszeichen? Zur Versöhnung gehört auch, dass man versucht, Unrecht wiedergutzumachen.

Bastle dir zur Erinnerung ein Versöhnungsband. Du brauchst dazu drei Bänder in verschiedenen Farben, eine große (am besten goldene) und ein paar kleine Perlen. Die drei Bänder werden zu einem Zopf geflochten. Immer wieder fädelst du eine Perle auf eines der Bänder.

Die Perlen erinnern dich daran, wie wichtig es ist, die Ursachen eines Streits zu benennen, wie gut es ist, dass ein Streit nicht immer schlimmer wird, und wie notwendig es ist, dass man zu seiner Schuld steht und sie zugibt. Die große goldene Perle erinnert dich daran, dass Gott immer zu dir hält.

Ich möchte dazugehören

Niemand möchte Außenseiter sein
und am Rand stehen.
Wenn man nicht mit den anderen zusammen
zum Geburtstag eingeladen wird,
kann das richtig traurig machen.
Zachäus war ein Außenseiter.

Auf seinem Weg durch das Land kam Jesus mit seinen Jüngern in die Stadt Jericho. Die Leute kamen in Scharen, um Jesus zu sehen, um seine Worte zu hören. Manche kamen und hofften, seine wunderbaren Taten mitzuerleben.

Auch Zachäus, ein Oberzöllner in Jericho, wollte diesen Jesus sehen. Er wollte wissen, was für ein Mensch Jesus war – nach allem, was er schon über ihn gehört hatte.
Doch das war leichter gesagt als getan: Zachäus war kleiner als die anderen. Er konnte nichts sehen, denn die anderen versperrten ihm die Sicht.

Und es wollte ihn auch niemand nach vorne lassen. Nicht diesen Zachäus, der am Zoll viel zu viel Geld verlangte. Nicht diesen Zachäus, der für die verhassten Römer arbeitete. Mit dem wollten sie nichts zu schaffen haben.

Gehörst du zu einer Gruppe von Freunden dazu?
Hast du es schon mal erlebt, am Rand zu stehen?
Wie fühlt sich das an?
Wie begegnest du anderen, die Außenseiter sind?

Aber Zachäus gab nicht auf. Er wollte Jesus unbedingt sehen. Da kam ihm eine Idee: Er lief auf der Straße, auf der sie Jesus erwarteten, ein Stück voraus und stieg auf einen Maulbeerbaum. Und dann kam Jesus. Die Leute jubelten, wollten ihn berühren. Er kam nur langsam voran.

Und dann blieb Jesus genau unter dem Baum stehen, auf dem Zachäus saß, und blickte nach oben. Er sah ihn, den Zöllner, an. Und er sprach ihn sogar an: „Zachäus, steig schnell von deinem Baum herunter. Ich möchte dich heute besuchen."
„Wie? Mich will Jesus besuchen? Jesus kommt zu mir?" Zachäus konnte es kaum fassen. Schnell stieg er von seinem Baum herunter und führte Jesus voller Freude in sein Haus.

Gibt es Menschen,
die zu dir stehen,
denen du viel bedeutest,
was auch geschieht?

Die anderen ärgerten sich: „Ausgerechnet zu dem geht Jesus?" Zachäus aber war glücklich. Jesus hatte ihn angesehen. Jesus war bei ihm zu Gast! Zachäus sagte: „Jesus, ich möchte die Hälfte von meinem Besitz den Armen geben. Und wem ich zu viel abgenommen habe am Zoll, dem gebe ich es vierfach wieder zurück."

Da sprach Jesus zu ihm: „Du darfst dich freuen, Zachäus. Auch du gehörst zu Gott. Denn ich bin vor allem zu denen gekommen, mit denen niemand zusammensein möchte. Ich bin gekommen, die Verlorenen zu suchen und zu retten."

Für Zachäus hat sich durch die Begegnung mit Jesus viel geändert. Was bedeutet es für dich, dass du zu Gott gehörst?

Alleinsein ist nicht schön

Kannst du dir vorstellen, einmal von allen verlassen zu sein?
Keiner ist mehr da und du fühlst dich ganz allein?
Das kleine Schaf konnte sich das nicht vorstellen.
Und dann geschah es doch.

Sie waren eine große Herde.
100 Schafe waren sie. Junge und ältere, schnelle und langsame, dicke und dünne. Für ihren Hirten war jedes ein besonderes Schaf. Jedes war für ihn wertvoll und wichtig. Sie hatten einen guten Hirten. Er kannte alle ihre Namen. Jeden Abend rief er sie einzeln und zählte sie.

Am Tag führte er sie auf die besten Weideplätze. Er wusste immer, wo frisches Wasser war. Er kannte alle Wege und wählte für sie immer den besten aus. Manchmal waren die Wege auch mühsam. Aber er war bei ihnen. Wenn sie Angst hatten, dann war er da und tröstete sie. Wenn es gefährlich wurde, dann schützte er sie.
Mit seinem Stab verteidigte er sie gegen wilde Tiere. Wenn sich eines von ihnen verletzte, nahm er Öl und salbte die Wunde. Sie hatten wirklich einen guten Hirten.

Warum eines der Schafe den Anschluss zur Herde verloren hatte, wusste es selbst nicht. Es ging seinen eigenen Weg. Es gab so viel zu entdecken und lustig war es auch.

Wir Menschen sind gerne mit anderen zusammen. Wir brauchen Gemeinschaft. Mit wem bist du gerne zusammen? Menschen brauchen Schutz und Fürsorge. Wer ist für dich wie ein guter Hirte?

Dann wurde es Abend. Wo waren die anderen? Das Schaf fühlte sich auf einmal ganz allein. Es bekam Angst. Jetzt war es ganz dunkel. Wenn dort im Gebüsch nun ein Raubtier lauerte? Ganz laut rief es nach seinem Hirten. Würde er es hören?
Er zählte jetzt sicher die anderen. Er nannte ihre Namen, schaute sie liebevoll an, streichelte sie und brachte sie in den Pferch, damit sie in der Nacht sicher waren. „Er wird merken, dass ich fehle“, dachte es. „Aber was wird er tun? Wird er mich suchen? Wird er die anderen 99 so lange allein lassen?“ Wieder rief es ganz laut. Dann spitzte es seine Ohren. „Vielleicht höre ich die Stimme meines Hirten“, dachte es. „Sicher wird er auch nach mir rufen.“ Und dann – war das nicht seine Stimme? Ganz leise, weit weg.
Ja, das war die Stimme des guten Hirten. Das Schaf kannte sie und wusste, dass er nach ihm suchte.
Es rief so laut es konnte. Und der Hirte hörte es. Sie liefen aufeinander zu.

Erleichtert nahm der Hirte das Schaf auf seine Arme. Er trug es zu den anderen. Er freute sich. Seine Augen strahlten. Das Schaf war glücklich. Gerne ließ es sich tragen und war froh, einen so guten Hirten zu haben.

Allein sein ist nicht schön. Manchmal ist man auch unter vielen Menschen allein. Manchmal fehlt der Mensch, der Schutz und Fürsorge gibt. Kennst du das? Zu wem kannst du um Hilfe rufen? Mit wem kannst du reden? Du kannst auch Gott um Hilfe bitten.

Die Menschen singen manchmal ein Lied von Gott. Sie vergleichen ihn mit einem Hirten, der so gut ist wie der in dieser Geschichte. Für Gott ist jeder Mensch wertvoll und wichtig. Er kennt alle Namen. Niemand braucht sich zu fürchten.
Als Jesus, der Sohn Gottes, auf der Erde lebte, hat er den Menschen gesagt und gezeigt, dass das stimmt: „Ich bin der gute Hirte. Ich zeige euch, wie Gott ist.“

Ein kleines Schäfchen kann dich an den guten Hirten erinnern.
Du kannst es selbst gestalten.
Nimm weißen Karton und male ein kleines Schäfchen.
Schneide es aus und beklebe es mit Watte oder Rohwolle.
Dann ist es kuschelig und weich.

Ist der Tod das Ende?

Wenn ein Mensch stirbt,
entstehen viele Fragen.
Menschen sind dann oft unsicher,
hilflos oder verzweifelt.

Zwei Männer waren unterwegs. Aber immer wieder blieben sie stehen, sahen sich ratlos an. Sie waren auf dem Weg nach Hause. Emmaus hieß das Dorf, aus dem sie stammten. Aber es war keine frohe Heimkehr. Nacht war es geworden. Nicht nur am Himmel, sondern auch in ihren Herzen.
Vor Monaten waren sie voller Freude mit Jesus weggezogen. Sie hatten viel von ihm erwartet. Jesus aus Nazareth hatte bei ihnen im Dorf von Gott erzählt und Menschen geholfen, sie getröstet und manche sogar gesund gemacht. Wie Jesus lebte, was er tat und sagte – sie konnten erleben, dass Gott mit ihm war.
Deshalb hatten sie ihre Hoffnung auf ihn gesetzt. Er musste doch der verheißene Retter sein, auf den ganz Israel wartete. Und nun – nun war ihre ganze Hoffnung zerbrochen.
Vor zwei Tagen war Jesus gestorben, wie ein Verbrecher.
Noch standen die Kreuze auf dem Hügel Golgatha.
Wo war nun Gott? War alles nur Einbildung gewesen? Es gab für sie keine Hoffnung mehr.
Und so machten die zwei Jünger sich wieder auf, langsam und bedrückt.
Immer wieder fragten sie sich:
„Warum das alles?"

Da begegnete ihnen ein Fremder auf dem Weg und ging mit ihnen. Er stellte Fragen, hatte Interesse. Nach und nach begannen die beiden zu erzählen, was sie beschäftigte. Bruchstücke tauchten in ihrer Erinnerung auf. Vielleicht war doch nicht alles umsonst. Vielleicht war die Hoffnung nicht zerbrochen, nur verändert. Vielleicht ging der Weg doch noch weiter.

Mit wem kannst du reden, wenn du traurig bist? Wann hast du es erlebt, dass es gut tun kann, über schwere Erlebnisse zu reden? Wen hast du gerne bei dir, wenn du traurig bist?

Die beiden Männer waren noch immer traurig und ratlos. Aber sie spürten, dass etwas anders geworden war. Ihr Dunkel und ihre Trauer waren nicht mehr so stark, seit der Fremde bei ihnen war.
Spät kamen sie in Emmaus an und es begann bereits zu dämmern. Da baten sie den Fremden: „Herr, bleibe bei uns, denn es will Abend werden!"
Er trat mit ihnen ins Haus. Sie setzten sie sich an den Tisch, um miteinander zu essen.
Da nahm der Fremde das Brot und den Wein und teilte aus. Es war grad so, als ob er der Hausherr, der Gastgeber wäre.
Kam ihnen das nicht bekannt vor? Wie oft hatte Jesus das in ihrer Runde getan! Wie oft hatten sie mit ihm gefeiert, gegessen und getrunken! Wie oft hatte er Geschichten erzählt und das Reich Gottes mit einem Festmahl verglichen, zu dem alle eingeladen sind!
Und sie erinnerten sich an das letzte Mahl, schon vom Abschied überschattet, an ihre Angst und an seine tröstenden und doch so rätselhaften Worte. Wie oft hatten sie so seine Nähe und Gemeinschaft erfahren! Wie oft hatten sie gespürt, dass Gott da ist, ein Stück Himmel schon hier auf Erden!

Erholung, Essen, gemeinsame Unternehmungen, Gespräche und Gemeinschaft können guttun, wenn man traurig ist. Auch wenn jemand gestorben ist, ist er noch bei uns, in unseren Gedanken und Erinnerungen, beim gemeinsamen Feiern. Du kannst eine Erinnerungskiste gestalten, in der du Dinge sammelst, die dich an eure gemeinsame Zeit erinnern.

Und da gingen ihnen die Augen auf. Wie konnten sie vorher nur so blind gewesen sein, dass sie nicht gemerkt hatten: Jesus selbst war mit uns unterwegs. Nur er konnte uns die Schrift so auslegen. Er hat Licht in unsere Traurigkeit, in unsere Zweifel und Fragen gebracht. Und unsere Herzen haben gebrannt. Und doch haben wir ihn erst beim gemeinsamen Essen, im Abendmahl erkannt.
Sie spürten: Christus ist stärker als der Tod. Er hat dem Tod die Macht genommen – deshalb ist der Tod nicht das Ende.

Darum konnten sie wieder hoffen. Neu gestärkt gingen die beiden zurück nach Jerusalem. Ja, sie rannten beinahe. Sie wollten ihre Freude und die neu gewonnene Hoffnung mit den anderen teilen, mit ihnen feiern und Gott loben.

Was könnte das bedeuten:
Mit dem Tod ist nicht alles zu Ende?
Was können Zeichen der Hoffnung sein?
Mache dich auf die Suche, zum Beispiel in der Natur oder auf dem Friedhof.

DU
und die Welt

Bei dir bin ich sicher (Psalm 46)

Bei Gott sind wir sicher und geborgen,
er hilft, wenn wir in Not sind.
Darum brauchen wir keine Angst zu haben,
was immer auch passiert,
ob es um uns herum donnert und kracht
wie bei einem heftigen Unwetter,
ob alles drunter und drüber geht
wie bei einer Fahrt auf schlimmen Wegen,
ob alles wackelt und schwankt
wie auf einer Schifffahrt im Sturm.
Bei Gott können wir ruhig sein und aufatmen,
wie in einer Stadt sind wir gut aufgehoben.
Wir dürfen mit Gott gemeinsam dort wohnen,
bei ihm sind wir geborgen wie in einer Burg.

Kommt und seht, was geschieht, wenn Gott eingreift,
wenn er Stürme und Unwetter schickt,
er macht den Kriegen in der ganzen Welt ein Ende,
er macht Waffen unbrauchbar und schafft Frieden.
Werdet ruhig und hört auf Gott,
er greift ein, wenn wir in Not sind.
Gott ist an unserer Seite,
er ist unser Schutz.

Warum gibt es Krieg?

Immer wieder entstehen Kriege,
obwohl sie fast keiner will.
Warum ist das Zusammenleben
oft so schwierig?

Adam und Eva, Mann und Frau, gehörten von Anfang an zueinander, halfen einander und teilten ihr Leben miteinander. Sie liebten sich und sie bekamen einen Sohn. Den nannten sie Kain.
Einige Zeit später wurde Eva wieder schwanger und gebar ihren zweiten Sohn: Abel.
Die beiden Brüder waren verschieden. Kain wurde Ackerbauer, Abel wurde Schafhirte. Kain baute Getreide und andere Früchte an und freute sich, als er im Sommer reichlich ernten konnte und genug zum Leben hatte. Deshalb baute er einen Altar und gab Gott von den besten Früchten seines Feldes ein Opfer, ein Geschenk aus Dankbarkeit.

Auch Abel brachte Gott ein Opfer, eines seiner schönsten Jungtiere. Gott sah das Ofer von Abel gnädig an. „Warum schaut Gott nicht auf mich und mein Opfer?“, fragte sich Kain. „Hat Gott Abel lieber als mich?“

Warum geht es anderen im Leben besser als mir? Hast du dich das auch schon gefragt?

Kain wurde neidisch und zornig auf seinen Bruder Abel. Ihm wurde ganz heiß. Er senkte den Blick. Er konnte seinem Bruder nicht mehr in die Augen sehen. Auch zu Gott wollte er nicht mehr aufsehen.
Und doch hörte Kain Gottes Warnung: „Warum bist du so zornig? Warum schaust du nicht auf? Wenn du keine bösen Gedanken und Gefühle hast, kannst du anderen in die Augen sehen. Sei stärker als das Böse. Entscheide dich für das Gute."
Kain hörte die Warnung wohl. Aber zu seinem Bruder Abel sagte er: „Komm mit mir aufs Feld!"
Und als sie draußen auf dem Feld waren, schlug Kain seinen Bruder Abel tot. Ein Bruder tötete seinen Bruder!
Und wieder hörte Kain Gott fragen: „Wo ist Abel, dein Bruder?"
Kain sagte: „Ich weiß nicht, wo er ist. Soll ich denn etwa die ganze Zeit auf meinen Bruder aufpassen?"

Doch Gott fragte weiter: „Was hast du getan? Du hast Blut vergossen, das Blut deines Bruders. Das schreit von der Erde hinauf zum Himmel. Das Blut deines Bruders ist auf diesem Ackerboden. Hier werden keine Früchte mehr für dich wachsen können. Du kannst hier nicht mehr leben. Du wirst ohne Heimat sein."

Der eine hat Glück, der andere nicht; der eine ist reich, der andere arm; einer ist mächtig und einflussreich, ein anderer schutzlos und ausgeliefert. Gott lässt das zu – und das ist schwer auszuhalten für die, denen es nicht gut geht. So kommt es zu Neid. Es kann Gewalt entstehen bis hin zu Mord und Totschlag.
Was wäre geschehen, wenn der eine dem anderen nur rechtzeitig in die Augen geschaut hätte? Hätte er gespürt, dass der andere sein Bruder ist, ein Mensch wie er selbst?

Gewalt ist nie eine Lösung. Sie macht alles noch schlimmer. Auch für die, die scheinbar die stärkeren sind.
Wenn Gewalt angewendet wird, gibt es nicht einfach nur Gewinner und Verlierer, beide Seiten verlieren bei solch einer Auseinandersetzung.
Erinnerst du dich an einen Streit, bei dem du das auch schon erlebt hast?

Da erschrak Kain und rief: „Das ist zu schwer für mich! Das ist kein Leben mehr! Ich bin ohne Familie und Land schutzlos; jeder kann mich einfach töten."
Aber Gott versprach: „Nein, so soll es nicht sein. Es darf dich keiner töten. Dafür sorge ich."
So war Gott noch immer bei Kain, als dieser fortging aus seinem Land.

Niemand ist von Gott verlassen, auch wenn er noch so allein und verzweifelt ist. Auch nicht, wenn er Schuld auf sich geladen hat. Gott bleibt trotz allem bei jedem Menschen.

Wieso lässt Gott das zu?

Immer wieder passieren Naturkatastrophen:
Überschwemmungen, Erdbeben, langanhaltende Dürre.
Und immer wieder fragen Menschen sich:
Warum geschieht das?
Geht irgendwann einmal die ganze Welt zugrunde?
Und wieso lässt Gott das zu?

Ganz verschieden waren die Menschen, die Gott gemacht hat: die einen groß, die andern klein, die einen stark, die andern schwach, die einen mächtig, die andern unterlegen. Sie schafften es nicht, friedlich miteinander zu leben und zu teilen. Immer größer wurden Ungerechtigkeit, Bosheit und Streit auf der Erde.

Gott sah, dass die Menschen und mit ihnen die ganze Erde voller Gewalt waren. Das bekümmerte ihn und er beschloss, die Menschen und mit ihnen alles auf der Erde zu vernichten.

Nur Noah war ein Mensch, der gerecht war, der lebte, wie es von Gott gedacht war.

Und Noah hörte Gottes Stimme: „Noah, bau dir eine Arche, ein großes Schiff. In diese Arche sollst du und deine Familie gehen und von allen Tieren ein Männchen und ein Weibchen. So werdet ihr am Leben bleiben."

Noah tat alles, wie Gott es ihm aufgetragen hatte.

Als er, seine Frau, seine drei Söhne mit ihren Frauen und all die Tiere in der Arche waren, begann es zu regnen.

Es schien, als ob alle Quellen der Urflut wieder aufbrechen und die Fenster des Himmels sich öffnen wollten.

Es regnete und regnete, 40 Tage und 40 Nächte lang. Das Wasser bedeckte bald die ganze Erde, es stieg und stieg und hob die Arche mit sich empor. Schließlich reichte das Wasser bis über die Berggipfel.

Angesichts der Gewalt und Ungerechtigkeit in der Welt scheint es manchmal besser, es käme eine ganz neue Welt und die alte würde untergehen.
Was sollten die Menschen dann anders machen? Was sollte dann anders sein?

Da starben alle Lebewesen, Vögel, Vieh und alle Menschen. Nur Noah und alle, die mit ihm in der Arche waren, blieben am Leben.
Die Lebewesen in der Arche konnten nur warten, denn die ganze Erde war mit Wasser überflutet. Würde Gott sie vergessen?

Wenn schlimme Dinge geschehen, stellen sich viele die Frage: Kümmert das Gott überhaupt? Oder hat er uns vergessen? Hast du dich das auch schon gefragt? In welcher Situation war das so?

Doch Gott dachte an Noah und all die Menschen und Tiere, die mit ihm in der Arche waren. Er ließ einen Wind über die Erde wehen. Da sank das Wasser. Es wurde weniger und weniger, bis die Arche auf dem Berg Ararat aufsetzte.

Das war das Zeichen für Noah, dass die Flut zurückging. Er öffnete eine Dachluke in der Arche und ließ eine Taube hinaus. Die fand aber keinen Ort, an dem sie sich niederlassen konnte, und kam zur Arche zurück. Nach sieben Tagen ließ er die Taube noch einmal hinaus.

Wie groß war seine Freude, als sie mit einem frischen Ölzweig im Schnabel zurückkam! Es gab also wieder Pflanzen und Bäume auf der Erde. Nach weiteren sieben Tagen flog die Taube hinaus und kam nicht wieder. Nun wusste Noah, dass sie alle die Arche verlassen konnten.
Gott sagte: „Geh hinaus aus der Arche, du und deine Frau, deine Söhne mit ihren Frauen und all die Tiere, die bei euch sind. Ihr sollt die Erde wieder bewohnen, euch vermehren und von dem leben, was ich für euch wachsen lasse."

Als erstes baute Noah Gott einen Altar und dankte ihm für seine Rettung.
Und er hörte, wie Gott versprach:
„Solange die Erde besteht, soll nicht aufhören Säen und Ernten, Kälte und Hitze, Sommer und Winter, Tag und Nacht. Auch wenn die Menschen immer wieder böse und ungerecht, gewalttätig und rücksichtslos sind, will ich sie nicht mehr vernichten. Ich liebe euch Menschen so wie ihr seid.
Und als Zeichen, dass ich mit euch verbunden bleiben will, seht ihr den Regenbogen. Wie ein Bogen wölbt er sich über den Himmel.
Wenn ihr den Bogen seht, erinnert euch daran: Alles, was lebt, Menschen, Tiere und Pflanzen, habe ich lieb. Ich werde sie nie mehr zerstören. Ich habe mich mit euch verbunden. Es ist ein Bund zwischen mir und allen Menschen, auch allen Menschen, die nach euch auf der Erde leben."

Gottes Versprechen gilt bis heute. Wenn schlimme Dinge geschehen, dann nicht, weil Gott es will. An manchen Naturkatastrophen sind Menschen zumindest beteiligt. Fallen dir Beispiele dazu ein? Darüber kannst du dich in der Schule oder im Internet informieren. Aber häufig weiß keiner, warum etwas Schlimmes geschieht.
Die Geschichten der Bibel erzählen, dass Gott trotzdem da ist.

Du kannst mit Fingerfarben oder Transparentpapier einen Regenbogen auf einer Fensterscheibe gestalten.
Den hast du dann vor Augen, auch wenn das Wetter draußen verrücktspielt.

Nachbemerkung

Diese „Kinder-Themen-Bibel" ist ein Buch aus der Praxis für die Praxis. Die beiden Autorinnen, Susanne Jasch und Kristina Schnürle, waren als Referentinnen für Konfirmandenarbeit im Pädagogisch-Theologischen Zentrum in Stuttgart tätig und arbeiten nun bereits seit einigen Jahren als Seelsorgerinnen am Olgakrankenhaus, einem Stuttgarter Krankenhaus für Kinder und Jugendliche.

In zahlreichen Begegnungen mit Kindern, ihren Nöten, Bedürfnissen und Wünschen haben die beiden Pfarrerinnen erfahren, welche Fragen junge Menschen tatsächlich bewegen und wie man ihnen darin begegnen kann. Daraus ist dieses Buch entstanden, die Auswahl der Themen, die den Themen zugeordneten Geschichten aus der Bibel und – nicht zuletzt – die zahlreichen Anregungen zum Nachdenken, Weiterfragen und zur Gestaltung des Erlebten und Erfahrenen.

Die biblischen Geschichten stehen in diesem Buch nicht in der Reihenfolge, wie sie in der Bibel selbst zu finden ist, sondern sind nach Themen sortiert, die drei großen Rubriken untergeordnet sind: „Du", „Du und die anderen" und „Du und die Welt". So wird der Versuch unternommen, die Lebenswirklichkeit und die Anforderungen des Alltags von Kindern unter die biblische Lupe zu nehmen, sie in Beziehung zu setzen mit den Erfahrungen der Menschen, von denen die Bibel berichtet, und sie auf einen weiten Raum zu stellen, wo sie sich von Gott gewollt, gekannt und geborgen wissen dürfen.

Bibelstellenverzeichnis

DU

Du und die anderen

Du und die Welt

Die Deutsche Bibelgesellschaft ist eine kirchliche Stiftung des öffentlichen Rechts. Sie übersetzt die biblischen Schriften, entwickelt und verbreitet innovative Bibelausgaben und eröffnet für alle Menschen Zugänge zur Botschaft der Bibel. International verantwortet sie die wissenschaftlichen Bibelausgaben in den Ursprachen. Durch die Weltbibelhilfe unterstützt sie in Zusammenarbeit mit dem Weltverband der Bibelgesellschaften (United Bible Societies) weltweit die Übersetzung und Verbreitung der Bibel, damit alle Menschen die Bibel in ihrer Sprache lesen können.
Weitere Informationen finden Sie unter www.die-bibel.de

MIX
Papier aus verantwortungsvollen Quellen
FSC® C002795
FSC
www.fsc.org

ISBN 978-3-438-04072-5

Nacherzählung und Anregungen: Susanne Jasch, Kristina Schnürle
Psalmennachdichtungen und Redaktion: Mathias Jeschke
Illustrationen und Satz: Mathias Weber
Umschlaggestaltung und Herstellung: Anne-Sophie Leutenberger

Printed in Latvia